Dados Internacionais de Catalogação na Publicação (CIP) de acordo com ISBD

C578c   Ciranda Cultural

        Como dizer eu te amo / Ciranda Cultural ; ilustrado por Shutterstock. - Jandira, SP : Ciranda Cultural, 2021.
        36 p. : il. ; 25cm x 25cm.

        ISBN: 978-55-5500-829-6

        1. Livro para colorir. 2. Amor. 3. Namorados. I. Shutterstock. II. Título.

2021-1751   CDD 741.642
                                                                                  CDU 087.5

Elaborado por Vagner Rodolfo da Silva - CRB-8/9410

Índice para catálogo sistemático:
1. Livro para colorir 741.642
2. Livro para colorir 087.5

© 2021 Ciranda Cultural Editora e Distribuidora Ltda.
Produção: Ciranda Cultural
Ilustrações: shutterstock.com
Capa: HelloSSTK.
Miolo: p. 1 - Kapom/ p. 2, 3 - Receh Lancar Jaya/ p. 4, 5 - suesse; Ladika888/ p. 6, 7 - suesse; Ivala/ p. 8, 9 - suesse; NATALIA LYUBOVA/ p. 10, 11 - suesse; Somjai Jathieng/ p. 12, 13 - suesse; Vladymo; Kovalova Marharyta/ p. 14, 15 - suesse; Vladymo; Silver Kitten/ p. 16, 17 - suesse; Vladymo; Toporovska Nataliia/ p. 18, 19 - suesse; Helen Lane/ p. 20, 21 - suesse; Vladymo; Somjai Jathieng/ p. 22, 23 - suesse; Vladymo/ p. 24, 25 - suesse; sliplee/ p. 26, 27 - suesse; Emila/ p. 28, 29 - suesse; Vladymo/ p. 30, 31 - suesse; Vladymo/ p. 32, 33 - suesse; Vladymo; Somjai Jathieng/ p. 34, 35 - suesse; Aluna1/ p. 36 - blackberry-jelly.

1ª Edição
www.cirandacultural.com.br
Todos os direitos reservados. Nenhuma parte desta publicação pode ser reproduzida, arquivada em sistema de busca ou transmitida por qualquer meio, seja ele eletrônico, fotocópia, gravação ou outros, sem prévia autorização do detentor dos direitos, e não pode circular encadernada ou encapada de maneira distinta daquela em que foi publicada, ou sem que as mesmas condições sejam impostas aos compradores subsequentes.

"De tudo, ao meu amor serei atento
Antes, e com tal zelo, e sempre, e tanto
Que mesmo em face do maior encanto
Dele se encante mais meu pensamento. (...)"

Vinicius de Moraes

Sobre nós

Desde quando estamos juntos?

....

Onde nos vimos pela primeira vez?

....

Quem estava conosco?

....

Do que mais gostei em você?

....

Do que você mais gostou em mim?

....

Mandala do amor para colorir juntos.

O que sei sobre você?

Prato preferido:

Lugar favorito:

Melhor amigo(a):

Um livro marcante:

Uma música preferida:

Um desejo:

Quantos itens você acertou?

....

Quantas descobertas foram novas?

....

O que você sabe sobre mim?

Prato preferido:

Lugar favorito:

Melhor amigo(a):

Um livro marcante:

Uma música preferida:

Um desejo:

Quantos itens você acertou?

....

Quantas descobertas foram novas?

....

Colorindo a dois

"Passarinhos
Soltos a voar dispostos,
Achar um ninho,
Nem que seja no peito
um do outro."

Emicida e Xuxa Levy

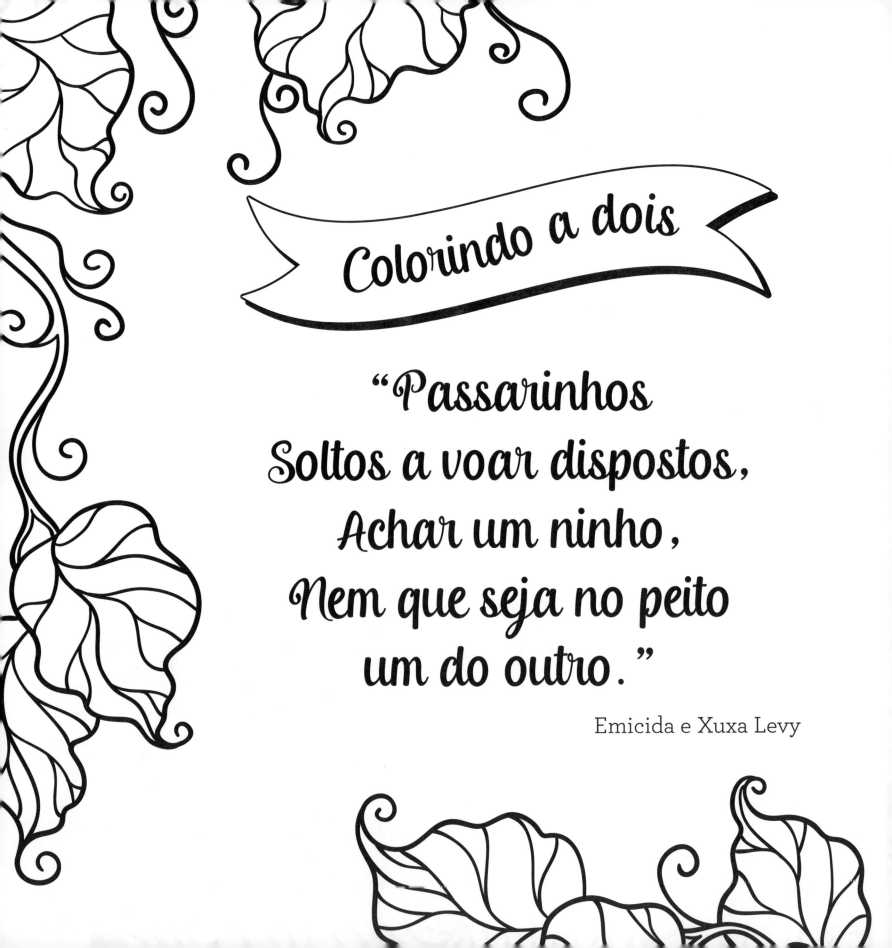

Revelações que tenho para você...

Eu não gosto quando você...

Eu fico bem triste quando você...

Eu simplesmente amo quando você...

Eu gostaria muito que você...

E você? O que tem para revelar para mim?

Eu não gosto quando você...

Eu fico bem triste quando você...

Eu simplesmente amo quando você...

Eu gostaria muito que você...

"Congela o teu olhar no meu
Esconde que já percebeu
Que todo meu amor é teu amor."

Ana Clara Caetano e Matheus Aleixo

De que forma sinto seu amor?

- ☐ Quando faz carinho em mim.
- ☐ Quando traz ou prepara alguma coisa gostosa para eu comer.
- ☐ Quando me fala dos seus sentimentos.
- ☐ Quando cuida de mim.
- ☐ Quando me beija.
- ☐ Quando me olha profundamente.
- ☐ Quando me abraça.
- ☐ Quando ganho algum presente seu.

De que forma você sente meu amor?

- ☐ Quando faz carinho em mim.
- ☐ Quando traz ou prepara alguma coisa gostosa para eu comer.
- ☐ Quando me fala dos seus sentimentos.
- ☐ Quando cuida de mim.
- ☐ Quando me beija.
- ☐ Quando me olha profundamente.
- ☐ Quando me abraça.
- ☐ Quando ganho algum presente seu.

Colorindo a dois

"Deixa eu dizer que te amo
Deixa eu pensar em você
Isso me acalma,
me acolhe a alma
Isso me ajuda a viver(...)"

Carlinhos Brown e Marisa Monte

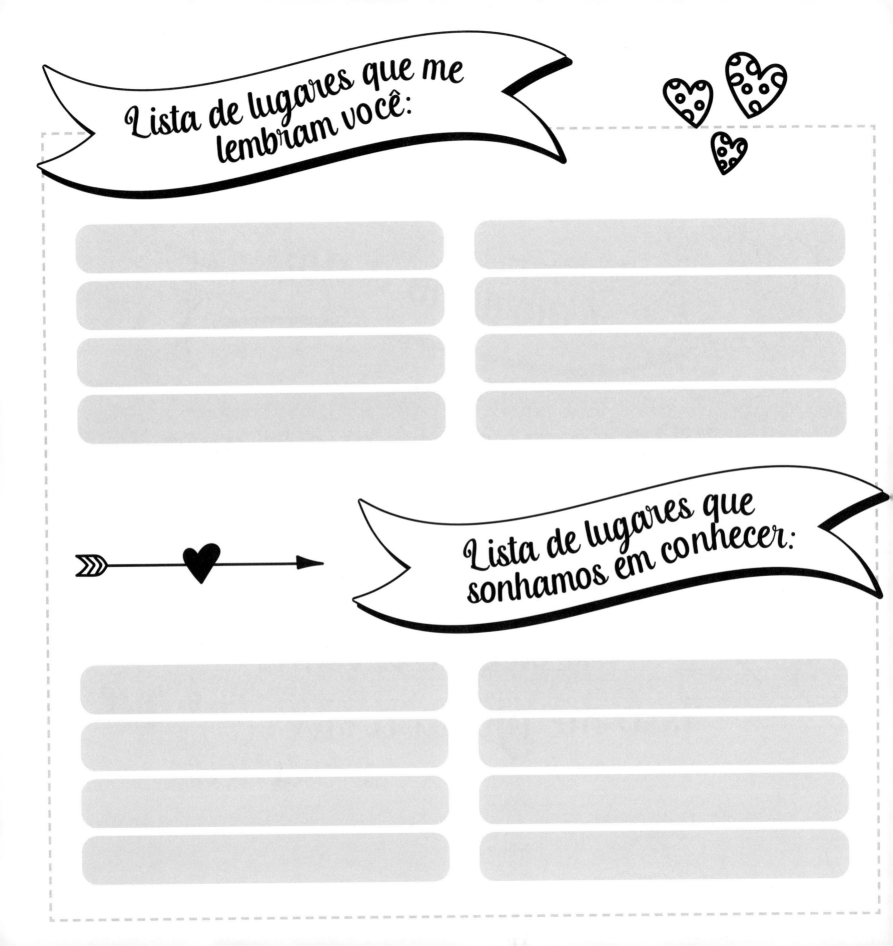

Quais palavras definem você?

- ☐ Coragem
- ☐ Esperteza
- ☐ Inteligência
- ☐ Amor
- ☐ Dedicação
- ☐ Atenção
- ☐ Intolerância
- ☐ Chatice
- ☐ Paciência
- ☐ Manha
- ☐ Fé
- ☐ Beleza

Quais palavras você escolhe para me definir?

- ☐ Coragem
- ☐ Esperteza
- ☐ Inteligência
- ☐ Amor
- ☐ Dedicação
- ☐ Atenção
- ☐ Intolerância
- ☐ Chatice
- ☐ Paciência
- ☐ Manha
- ☐ Fé
- ☐ Beleza

Colorindo a dois

"*Pra você guardei o amor
Que nunca soube dar(...)*"

Nando Reis

Músicas que nos definem:

Escrevam juntos trechos de músicas que têm a ver com vocês:

Amar é...

♥ Aceitar que o outro é diferente e ter de respeitar.

☐ Concordamos   ☐ Discordamos   ☐ Mais ou menos isso

♥ Ficar junto, mas manter planos futuros separados.

☐ Concordamos   ☐ Discordamos   ☐ Mais ou menos isso

♥ Brigar e fazer as pazes apenas no dia seguinte.

☐ Concordamos   ☐ Discordamos   ☐ Mais ou menos isso

♥ Convencer o outro a fazer apenas as coisas de que você gosta.

☐ Concordamos   ☐ Discordamos   ☐ Mais ou menos isso

Amar é...

....

Amar é...

....

Amar é...

....

Amar é...

....

O que sei sobre você?

♡ Você adora chocolate.

☐ Sim ☐ Tenho dúvida ☐ Não

♡ Seu sabor favorito de sorvete é creme.

☐ Sim ☐ Tenho dúvida ☐ Não

♡ Você ama bolos.

☐ Sim ☐ Tenho dúvida ☐ Não

♡ Você ama biscoitos.

☐ Sim ☐ Tenho dúvida ☐ Não

♡ Você prefere alimentos salgados.

☐ Sim ☐ Tenho dúvida ☐ Não

♡ Prefere esfiha a pizza.

☐ Sim ☐ Tenho dúvida ☐ Não

♡ Prefere pipoca doce a salgada.

☐ Sim ☐ Tenho dúvida ☐ Não

♡ Adoraria ganhar uma maçã do amor.

☐ Sim ☐ Tenho dúvida ☐ Não

O que você sabe sobre mim?

- ♥ Você adora chocolate.

  ☐ Sim ☐ Tenho dúvida ☐ Não

- ♥ Seu sabor favorito de sorvete é creme.

  ☐ Sim ☐ Tenho dúvida ☐ Não

- ♥ Você ama bolos.

  ☐ Sim ☐ Tenho dúvida ☐ Não

- ♥ Você ama biscoitos.

  ☐ Sim ☐ Tenho dúvida ☐ Não

- ♥ Você prefere alimentos salgados.

  ☐ Sim ☐ Tenho dúvida ☐ Não

- ♥ Prefere esfiha a pizza.

  ☐ Sim ☐ Tenho dúvida ☐ Não

- ♥ Prefere pipoca doce a salgada.

  ☐ Sim ☐ Tenho dúvida ☐ Não

- ♥ Adoraria ganhar uma maçã do amor.

  ☐ Sim ☐ Tenho dúvida ☐ Não

Os dois doces que definem nosso relacionamento são...

- ☐ Algodão-doce
- ☐ Chocolate amargo
- ☐ Maria-mole
- ☐ Brigadeiro
- ☐ Beijinho
- ☐ Bem-casado
- ☐ Suspiro
- ☐ Bananada
- ☐ Chiclete
- ☐ Merengue
- ☐ Salada de frutas
- ☐ Maçã do amor

Não se esqueça de justificar suas escolhas!

Agora é sua vez! Escolha até dois doces.

- ☐ Algodão-doce
- ☐ Chocolate amargo
- ☐ Maria-mole
- ☐ Brigadeiro
- ☐ Beijinho
- ☐ Bem-casado
- ☐ Suspiro
- ☐ Bananada
- ☐ Chiclete
- ☐ Merengue
- ☐ Salada de frutas
- ☐ Maçã do amor

Colorindo a dois

"Eu gosto tanto de você
Que até prefiro esconder
Deixo assim ficar subentendido (...)"

Lulu Santos